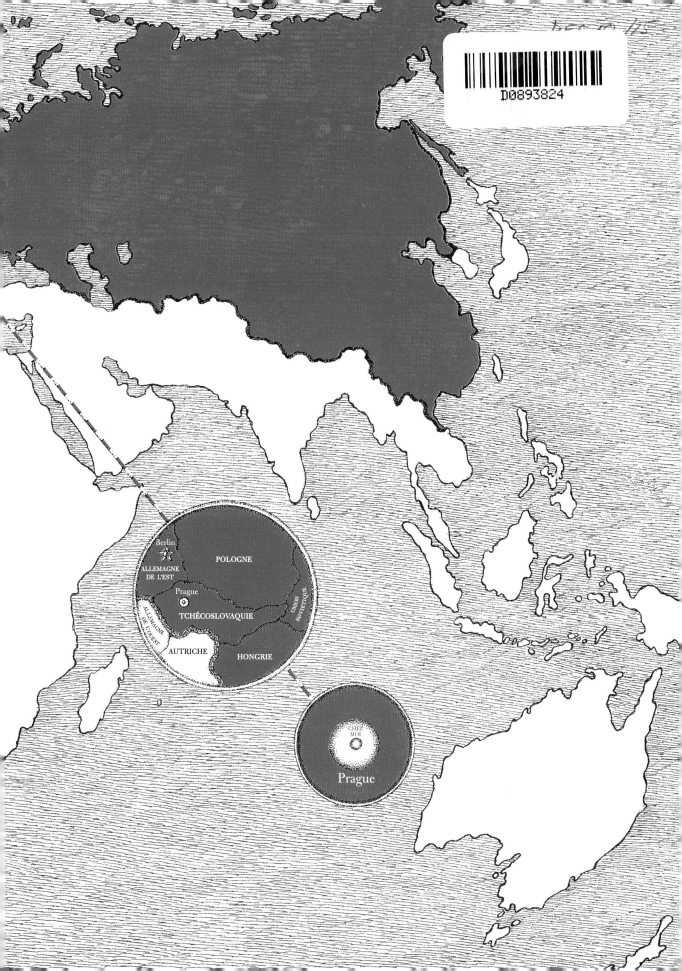

POLOGNE

Berlin

ALLEMAGNE
DE L'EST

Prague

ALLEMAGNE
DE L'OUEST

TCHÉCOSLOVAQUIE

UNION SOVIÉTIQUE

AUTRICHE

HONGRIE

CHEZ
MOI

Prague

JE SUIS NÉ AU MOMENT OÙ TOUT A COMMENCÉ, DU CÔTÉ ROUGE
– LE CÔTÉ COMMUNISTE – DU RIDEAU DE FER.

PETER SÍS nous entraîne dans le monde où il a grandi – la Tchécoslovaquie
pendant la guerre froide. La Seconde Guerre mondiale était finie
et les Allemands étaient partis, mais la Tchécoslovaquie
était toujours un pays occupé – par les Russes, cette fois. Comme les tensions montaient,
entre l'Europe de l'Est et le monde libre, les frontières avec l'Ouest ont été renforcées
par des barrières et des murs – le rideau de fer s'est fermé. De l'autre côté, bien des gens
voulaient être libres. Et en grandissant, Peter est devenu l'un d'entre eux.
Il raconte son histoire en images, avec des souvenirs d'une enfance et d'une adolescence heureuses,
quand les nouvelles de l'Ouest s'infiltrent lentement dans le pays. Peter et ses copains entendent parler
des blue-jeans, du Coca-Cola, de la poésie des beatniks, du rock 'n' roll… et des Beatles !
On sent bien l'attrait des fruits interdits venus du monde libre et l'excitation
qui règne quand les barrières sont levées. C'est le Printemps de Prague de 1968 et la vie est belle.
Ensuite, on regarde avec horreur les Soviétiques réaffirmer
leur contrôle totalitaire et on comprend pourquoi Peter rêve d'être libre.

PETER SÍS est né en 1949 à Brno, en Tchécoslovaquie, et a grandi à Prague.
Il dessine depuis toujours.
Sa sœur et lui ont été des Jeunes Pionniers pendant la guerre froide.
Grand amateur de rock 'n' roll, il a été l'animateur et le DJ d'une émission de radio.
Il a étudié la peinture et la réalisation de films à l'Académie d'arts appliqués
de Prague et au Royal College of Art de Londres
avant d'émigrer aux États-Unis en 1984, laissant derrière lui le rideau de fer.
Parmi ses livres remarquables, on compte *Le Messager des étoiles* (sur Galilée),
Les Trois Clés d'or de Prague, *Le Tibet ou Les secrets d'une boîte rouge*,
Madlenka et enfin *L'Arbre de la vie – Charles Darwin*.
Il vit aujourd'hui dans la vallée de l'Hudson (État de New York)
avec sa femme et ses deux enfants.

The Wall : Growing up behind the Iron Curtain
by Peter Sís

© 2007 by Peter Sís
Published by arrangement with Farrar, Straus and Giroux, LLC, New York

© 2007, Éditions Grasset & Fasquelle pour les pays de langue française
Tous droits réservés

ISBN : 978 2 246 72951 8
N° d'édition : 15.031
Première édition, dépôt légal, octobre 2007
Nouveau tirage, dépôt légal, octobre 2007
Loi 49956 du 16/07/1949

Réalisation maquette : Joëlle Leblond
Photogravure : Domigraphic
Impression et reliure : Pollina à Luçon
N° d'impression : L44895
Imprimé en France

Les quatre affiches de propagande qui apparaissent dans la première double-page d'extraits de carnets
proviennent de la collection du musée U Křižovníků, Prague.

LE MUR

Mon enfance derrière le rideau de fer

traduit de l'anglais par Alice Marchand

PETER SÍS

GRASSET

INTRODUCTION

NUL BESOIN DE REMONTER TRÈS LOIN EN ARRIÈRE POUR VOIR QUE LA CARTE
du monde change tout le temps. Rien qu'au XXe siècle, il y a eu des changements
souvent cataclysmiques. En 1917, l'empire de Russie a été renversé par une révolution
qui a porté le Parti communiste au pouvoir et instauré l'Union soviétique.
À la fin de la Première Guerre mondiale, en 1918, l'empire d'Autriche-Hongrie
a été démantelé et plusieurs pays ont accédé à l'indépendance. La Tchécoslovaquie
se trouvait parmi eux. Mais ensuite, après vingt ans de démocratie, la Tchécoslovaquie
a été envahie par l'Allemagne nazie. Puis, en 1939, la Seconde Guerre mondiale
a éclaté. Les Alliés (États-Unis, Royaume-Uni, France et Union soviétique)
ont battu l'Allemagne et le Japon en 1945 et libéré les pays occupés par l'Allemagne.
Après la guerre, les Forces alliées se sont partagé le contrôle économique
et politique de ces pays. La majeure partie de l'Europe de l'Est
et le côté Est de l'Allemagne sont tombés sous la houlette de l'Union soviétique.
On s'est mis à désigner ces pays sous le nom de « bloc de l'Est ».
Le reste de l'Allemagne était dans le « bloc de l'Ouest », dominé par les États-Unis.
L'Union soviétique et les nations occidentales dirigeaient leurs territoires de manières
très différentes. Les pays du bloc de l'Ouest étaient tous des démocraties indépendantes,
tandis que le bloc de l'Est subissait un contrôle rigoureux de l'Union soviétique.
Mais dans les pays de l'Est, tout le monde ne voulait pas vivre sous une dictature
totalitaire, et beaucoup de gens ont commencé à fuir à l'Ouest. Pour empêcher un exode
en masse, l'Union soviétique a renforcé les frontières autour d'une grande partie de
l'Europe de l'Est et, finalement, a été jusqu'à ériger un mur qui coupait la ville de Berlin
en deux. L'Europe était donc divisée – idéologiquement, symboliquement et matériellement –
par ce que Winston Churchill, le chef d'État britannique, a appelé un « rideau de fer ».
Dans les années 1950, les États-Unis et l'Union soviétique possédaient l'un et l'autre
des bombes atomiques, mais les deux camps savaient que s'ils s'en servaient,
ils déclencheraient une guerre dévastatrice. Pendant les quarante années suivantes,
les deux superpuissances ont donc coexisté dans une grande tension, en gardant leurs
distances pour éviter la guerre ouverte. Cette période dénommée la « guerre froide »
a duré jusqu'à la chute du mur de Berlin et l'effondrement de l'Empire soviétique.
Je suis né au moment où tout a commencé, du côté rouge – le côté communiste –
du rideau de fer.

— P. S.

Aussi loin que remontaient ses souvenirs,
il avait toujours aimé dessiner.

1948.
Les Soviétiques
prennent
le contrôle de
la Tchécoslovaquie
et ferment
les frontières.

La Milice
populaire fait
respecter
l'ordre
nouveau.

Il avait commencé par dessiner des formes.

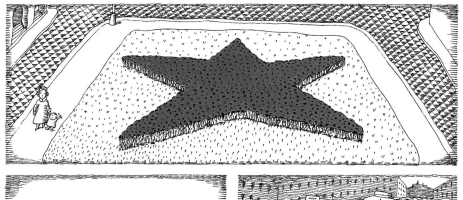

Des emblèmes et des monuments communistes s'élèvent partout.

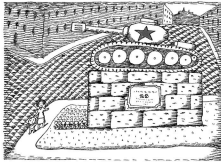

Le gouvernement tchèque reçoit ses ordres de Moscou.

*L'affichage de drapeaux rouges pendant les jours de fête officiels : **OBLIGATOIRE**. Les gens qui n'obtempèrent pas sont punis.*

Ensuite, il se mit à dessiner des gens.

Les communistes contrôlent aussi les écoles.

Les cours de russe : **OBLIGATOIRE.**

L'inscription chez les Jeunes Pionniers, le mouvement de la jeunesse communiste : **OBLIGATOIRE.**

L'endoctrinement politique : **OBLIGATOIRE.**

La collecte d'objets en métal : **OBLIGATOIRE.**

Le défilé du Premier Mai, la fête des travailleurs du monde entier : **OBLIGATOIRE.**

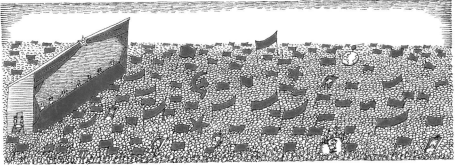

À la maison, il dessinait tout ce qu'il voulait.

Les manifestations publiques de loyauté envers le régime : **OBLIGATOIRE.**

La pratique d'une religion : **DÉCONSEILLÉ.**

On encourage les enfants à dénoncer leur famille et leurs camarades de classe. Les parents apprennent à garder leurs opinions pour eux.

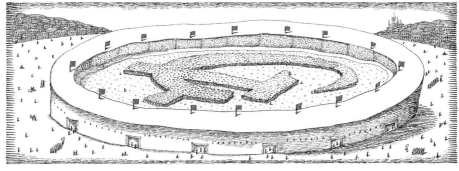

La participation des citoyens aux Spartakiades, des séances de gymnastique en masse glorifiant la subordination de l'individu aux idéaux socialistes : **OBLIGATOIRE.**

À l'école, il se mit à dessiner ce qu'on lui disait de dessiner.

Hongrie, 1956.
Un soulèvement
populaire
est écrasé par
l'Union
soviétique.

Allemagne, 1961.
Les Soviétiques
érigent le mur de
Berlin pour empêcher
les Berlinois de l'Est
de passer à l'Ouest.
Il coupe la ville
en deux.

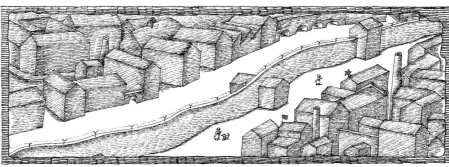

Le rideau de fer
qui sépare l'Est
et l'Ouest
est renforcé,
et c'est l'escalade
de la guerre
froide.

Il dessina des tanks.

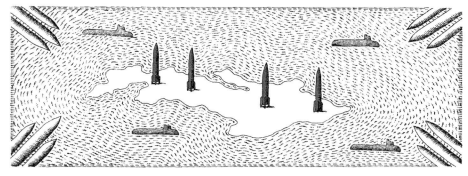

*Octobre 1962.
À Cuba, des missiles
soviétiques
sont pointés vers
les États-Unis.
On évite la guerre
nucléaire
de justesse.*

*26 juin 1963.
Le président
John F. Kennedy
vient voir le mur
e Berlin et déclare :
ch bin ein Berliner
– Je suis
un Berlinois. »*

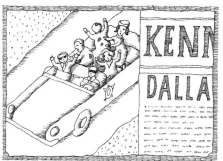

*22 novembre 1963.
Le président
Kennedy est
assassiné à Dallas,
au Texas.*

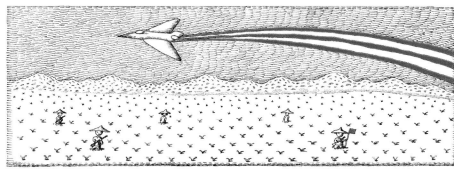

*Les États-Unis
et les communistes
s'affrontent
au Vietnam.*

*La guerre
nucléaire
est une menace
permanente.*

Il dessina des guerres.

Les étudiants tchécoslovaques aident les agriculteurs à lutter contre un parasite, le doryphore, qui infeste les plantations de pommes de terre – un coup des États-Unis, dit-on.

La police secrète surveille tout le monde.

Les étudiants récoltent du houblon (utilisé pour brasser la bière).

On montre régulièrement aux enfants des écoles des films russes glorifiant les idéaux soviétiques.

La Grande Révolution Socialiste d'Octobre est célébrée tous les ans, le 7 novembre, par une marche nocturne.

Tout ce qui précède : **OBLIGATOIRE.**

Il ne remettait pas en question ce qu'on lui disait.

Les téléphones sont sur écoute.

L'affichage de drapeaux occidentaux : **INTERDIT.**

L'art officiel, le réalisme socialiste, est le seul à être autorisé.

Certains livres et films sont interdits. L'art et la culture sont censurés.

Les radios occidentales sont interdites (et brouillées).

Le courrier est ouvert et censuré.

Les délateurs qui espionnent les autres sont récompensés pour leur indiscrétion.

Tout vient à manquer. Les gens font la queue interminablement.

OVOCE ZELENINA

Ensuite, il découvrit qu'il y avait des choses qu'on ne lui disait pas.

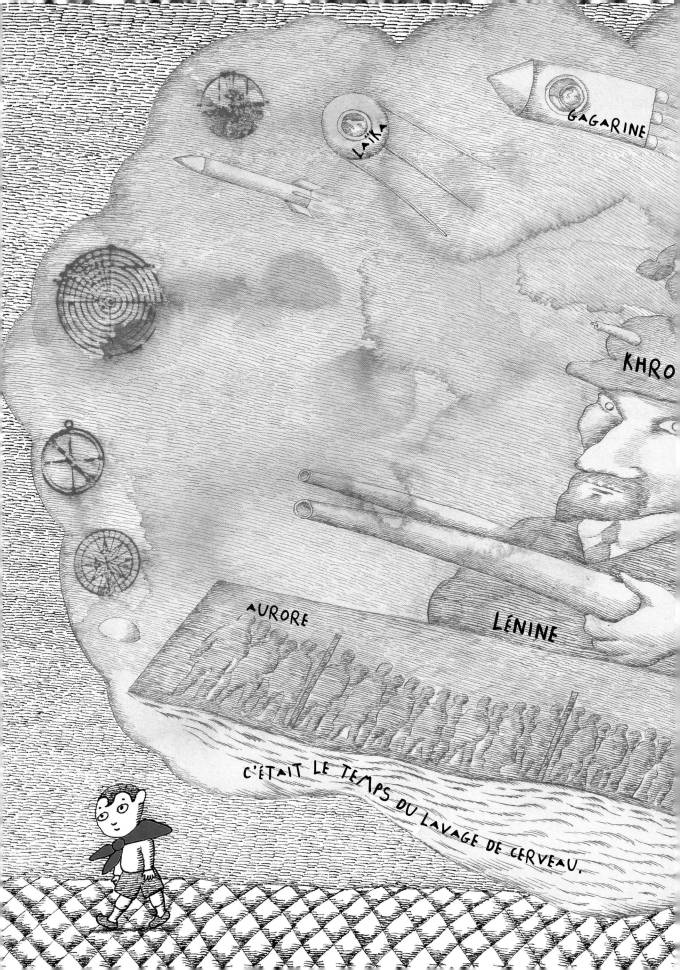

GAGARINE

LAÏKA

KHRO

AURORE

LÉNINE

C'ÉTAIT LE TEMPS DU LAVAGE DE CERVEAU.

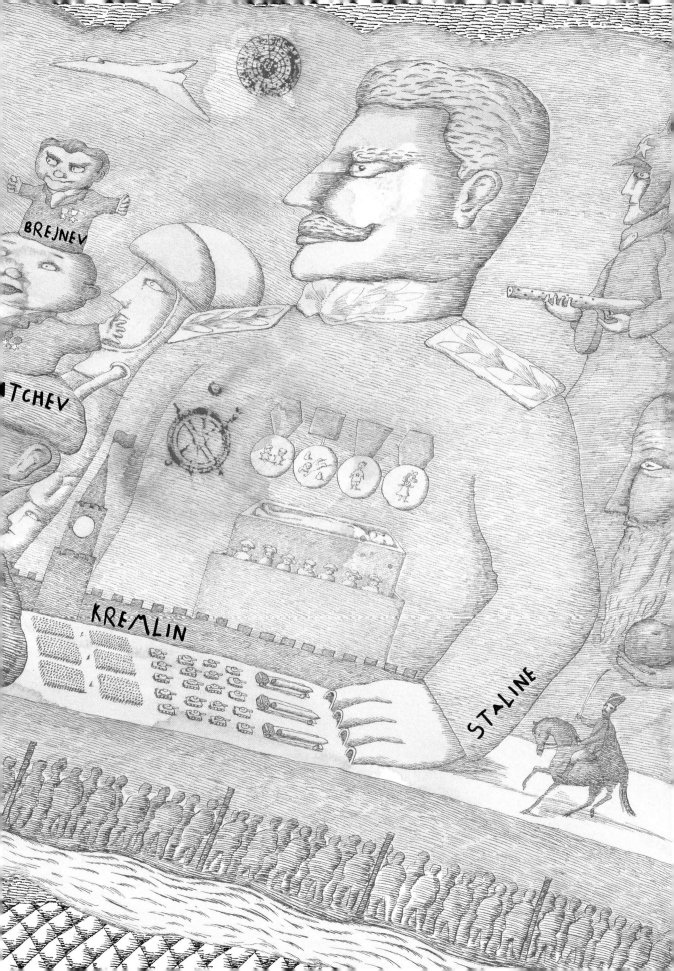

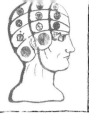

VOLÍME
1
KOMUNISTY

EXTRAITS DE MES CARNETS

1954

Mon père est enrôlé dans l'unité cinéma de l'armée. On l'envoie en Chine pour faire un film.

On soutient la paix dans le monde en ne mangeant pas de viande le jeudi.

On nous encourage tous à prendre un correspondant en Union soviétique. Je choisis Volodia de Léningrad. Nos lettres sont notées.

Avril 1956

Le cousin de mon père, Lamin, est mis en prison parce qu'il est considéré comme un ennemi de l'État. Ma grand-mère en parle en allemand à mes parents pour qu'on ne comprenne pas, ma sœur et moi. Mais on comprend certaines choses. Il faisait partie d'une équipe nationale de volley-ball qui partait faire un tournoi à l'Ouest, et les joueurs avaient tous prévu de rester là-bas. La police secrète l'a découvert. Lamin a vingt ans et passera le reste de sa vie en prison.

Février 1957

On part faire du ski dans les montagnes de la frontière Ouest. Des soldats accompagnés de chiens passent dans le train en quête d'« éléments subversifs » cherchant à passer la frontière. Les soldats vérifient nos skis et nous disent que si on voit quelqu'un qui a l'air louche

ou se comporte bizarrement, on devra le leur dire. Quand on descend du train, il y a deux paires de skis en trop et il manque deux personnes !

3 novembre 1957

L'Union soviétique envoie dans l'espace une fusée qui transporte un petit chien appelé Laïka. Je me demande comment le chien va faire pour atterrir…

1958

Au musée Lénine, à Prague, on nous donne notre foulard de Jeune Pionnier – à tous sauf Dežo Hlaváč, parce qu'il vient d'une famille de Gitans où il y a « trop d'enfants » et qu'on ne le juge pas prêt.

Mars 1959

Dans notre manuel scolaire, il y a l'histoire d'un Russe qui est un ennemi de classe. Il cache sa récolte de blé dans sa cave au lieu de la donner à la coopérative du village. Son fils, qui est un Jeune Pionnier, s'en aperçoit et le dénonce. Le garçon se fait tuer par sa famille. Il s'appelle Pavka Morozov. C'est un héros. On nous dit que si on voit nos parents faire quelque chose de mal, on doit le signaler.

Juin 1960

On répète pour la Spartakiade. Je suis dans le groupe des 10-12 ans. Notre numéro s'appelle « Printemps joyeux ». On porte un short vert et une chemise jaune. Chaque groupe d'âge a son enchaînement particulier et un uniforme de couleurs différentes.

Les femmes sont spectaculaires et ce sont les soldats qui sont les plus sûrs d'eux.

1961

À l'école, on regarde un documentaire américain intitulé *Sur le Bowery* (un quartier de New York). Il montre des gens pauvres qui dorment dans la rue. On nous dit que c'est comme ça que vivent les gens, dans les pays capitalistes.

12 avril 1961

L'Union soviétique envoie le premier homme dans l'espace, Youri Gagarine. À son retour, il atterrit sain et sauf en Sibérie.

28 avril 1961

On reçoit le cosmonaute Youri Gagarine à Prague. Je regrette qu'il n'ait pas amené son chien Laïka avec lui.

17 juin 1962

L'équipe nationale de football de Tchécoslovaquie joue contre le Brésil dans la finale de la Coupe du monde, au Chili. On perd.

Novembre 1962

Tous les ans, en mai, on se met au garde-à-vous devant la statue géante de Staline. Mais maintenant, la statue a été dynamitée. On se mettra au garde-à-vous devant des monuments plus petits…

Il y a un plan quinquennal pour tout le pays. On construit le socialisme. L'Amérique est un pays capitaliste. De même que la France, la Grande-Bretagne, l'Italie et les Pays-Bas. Mais d'après mon manuel scolaire, l'Amérique est le plus capitaliste et le plus décadent de tous.

La fine fleur des Jeunes Pionniers de tous les pays socialistes est invitée dans un camp de vacances, en Union Soviétique, qui s'appelle Artek.

Je reçois le premier prix au concours de dessin du musée d'histoire.

Septembre 1963

Le colonel Jan Pixa reçoit le titre de Héros de la République Socialiste Tchèque – pour son plan ingénieux afin d'attraper les « perturbateurs de la frontière », les gens qui essaient de passer à l'Ouest. Il a fabriqué une fausse frontière pour faire croire aux « méchants » qu'ils étaient passés de l'autre côté. Lorsqu'ils ont vu le drapeau américain et qu'ils ont été accueillis par des hommes des services secrets déguisés en soldats américains, les transfuges ont cru être arrivés à l'Ouest. Ils ont dit tout ce qu'ils savaient aux services secrets et donné le nom de leurs amis. Quelle surprise quand ils ont découvert qu'ils n'étaient pas à l'Ouest, en fait, et qu'ils allaient se retrouver en prison à vie ! Le colonel Pixa est un héros.

Je fabrique une trottinette qui s'effondre alors que ma sœur, Hana, descendait une pente avec. Elle m'en veut à mort !

Avec mon école, on visite le Mausolée pour voir le corps embaumé du premier président communiste de la Tchécoslovaquie, le camarade Klement Gottwald. C'est terrifiant.

*Des fragments
d'informations
venues de l'Ouest
commencent
à filtrer à travers
le rideau de fer.*

*Les Beatles !
(Lequel
est qui ?)*

*Elvis,
les Rolling Stones,
Radio
Luxembourg…
On enregistre
des chansons
en cachette.*

*Les citoyens âgés
de 15 ans
et plus doivent
être munis
en permanence
d'une pièce
d'identité
avec photo :*
OBLIGATOIRE.

*Tout
ce qui vient
de l'Ouest
paraît coloré
et désirable.*

Il commença lentement à remettre les choses en question.
Il peignit ce qu'il voulait – en cachette.

Il n'y a pas
de disques,
pas d'instruments,
pas de vêtements
à la mode.
On doit tout
fabriquer
et tout inventer.
On veut tous être
l'un des Beatles.

On fabrique
nous-mêmes
nos chaussures,
nos lunettes
noires,
nos guitares
électriques…

Les cheveux longs
sont un signe
de décadence
occidentale.
La police
a l'ordre
de les couper.

Le rock est
contraire
aux principes de
l'art socialiste.

Il entra dans un groupe de rock et se mit à peindre de la musique.

Janvier 1968.
Le nouveau chef
du gouvernement
communiste,
Alexander
Dubček, a de
bonnes intentions.

Petit à petit, notre
monde commence
à s'ouvrir.

La censure est
levée.

Les gens
de la vieille garde
et la police
sont nerveux.

Tout paraissait possible…

Ce fut le Printemps de Prague de 1968 !

LES BEATLES

CINÉMA

HARLEM GLOBETROTTERS

THÉÂTRE

ALLEN GINSBERG

POÉSIE

ART

VOYAGES

EXTRAITS DE MES CARNETS

Mars 1965

Je me promène au bord du fleuve, sous
la neige, quand je croise un monsieur noir
au visage souriant. Il me fait un signe
de tête. Plus tard, en voyant une affiche,
je me rends compte que je viens
de voir Louis Armstrong, dit Satchmo.
Il est à Prague pour donner un concert !

Mai 1965

Allen Ginsberg, le poète beatnik américain,
vient à Prague. Les étudiants le nomment
Kral Majales (le «Roi de Mai»).
Mais ensuite, la police secrète l'accuse
de subversion et le déporte.

Août 1965

L'équipe de basket-ball vedette
d'une université américaine joue à Prague.
Les meilleurs joueurs sont des jumeaux
et Bill Bradley.

Novembre 1965

Le journal du Parti mentionne une femme
insensée qui s'appelle Elvis Presley.
Il s'avère que c'est un homme.

Mars 1966

Mon père rentre de France
avec un single des Beatles en 45 tours :
A Hard Day's Night.

Mai 1966

Un groupe de mecs aux cheveux longs
se retrouve devant le Musée national
et se fait pourchasser par la police.
Quand elle les attrape, la police sort
des ciseaux et leur coupe les cheveux.

Été 1966

J'essaie de me laisser pousser les cheveux,
ce qui est mal vu à la maison et au lycée.
Mes amis et moi, on devient incollables
sur les Rolling Stones, Fats Domino,
Chuck Berry, le rock 'n' roll. Davantage
de disques et de cassettes de musique
deviennent accessibles. Les Harlem
Globetrotters viennent à Prague.

Décembre 1966

Au début, les jeans sont autorisés en tant
qu'uniforme des classes ouvrières (mais
seuls les gens qui ont de la famille à l'Ouest,
ou qui ont des devises fortes et peuvent faire
leurs courses dans le magasin spécial,
Tuzex, ont la chance d'en avoir). Ensuite,
le gouvernement change d'avis. Les jeans
sont un signe de décadence occidentale.

Février 1967

Je fonde un groupe de rock avec
mes copains, mais on n'a pas d'instruments
et on ne s'est pas encore mis d'accord
sur un nom. Mon père me force
à aller chez le coiffeur. Je peins des gens
qui ont les cheveux longs.

Mai 1967

On commence à fabriquer des instruments.
Faire une guitare électrique, c'est dur.
On la branche dans la radio et elle fait
sauter un fusible.

Juin 1967

On joue des chansons des Rolling Stones,
de Them, des Small Faces, des Troggs. Mon
ami Zdenek est un guitariste extraordinaire.

Août 1967

Revoici la saison de la cueillette du houblon

– un bon moyen de rencontrer des filles.
Après avoir travaillé toute la journée,
on se réunit et on chante des chansons
des Beatles.

Septembre 1967

Selon une rumeur, les restrictions
des voyages vont être allégées. Si j'arrive
à obtenir une invitation chez une famille
d'Angleterre ou d'ailleurs en Europe
de l'Ouest, je peux faire une demande
de passeport. J'écris au *Record Mirror*,
un magazine de musique londonien
qui a une rubrique « courrier des lecteurs ».
J'envoie une photo de moi et une liste
de mes groupes préférés.

Octobre 1967

Notre groupe, qu'on a appelé New Force,
donne un concert au Théâtre central
de marionnettes. La scène est tellement
petite qu'il n'y a pas de place
pour le batteur. Je rencontre Alena.
Il me faut des boots à talons. C'est cher !
(Demander de l'argent à mamie ?)

Novembre 1967

Un rencard avec Alena.
On se promène sur la place Wenceslaus.
Pour le journal du lycée, je crée des bandes
dessinées inspirées des *comics*
de San Francisco que j'ai vus.
Je fais des affiches pour un club de rock,
l'Olympic. Hourra !

Janvier 1968

Dubček est élu Premier secrétaire du Parti.
Et fait un discours sur la liberté !

Février 1968

Des centaines de lettres arrivent en réponse
à ma petite annonce dans le *Record Mirror*…
Je dois répondre, beaucoup de courrier
chaque semaine…
J'achète une carte de l'Europe…
En stop ? Le seul moyen de faire ce voyage.

Mars 1968

Rassemblement pour Dubček !
On manifeste tous. Il appelle
à un « socialisme à visage humain ».

Mai 1968

La censure est levée ! On peut avoir
les cheveux longs et porter des jeans !
Mais le journal de notre lycée est supprimé.
Le proviseur l'accuse d'anarchie.

Juin 1968

J'apprends à teindre les T-shirts et je deviens
drôlement doué. Je fais du *tie-and-dye*
avec tout ce qui me tombe sous la main.
Les archives du gouvernement sont ouvertes.
On ne m'avait jamais dit que mon oncle
Vladimir était mort à la prison communiste
Leopoldov. Ce sont les gardes qui l'ont tué.
Mes parents nous ont caché
cette information, à nous les enfants.
Au lycée, on déclame de la poésie
dans l'escalier principal !
J'ai mon passeport avec l'autorisation
de voyager à l'Ouest. Youpi ! Je vais
me rendre à Paris en train, traverser
la Manche, faire du stop jusqu'à Londres et
Liverpool… rencontrer les Beatles ?
L'Union soviétique prévoit de grandes
manœuvres dans toute la Tchécoslovaquie
cet été.

Été 1968

Je pars pour l'Angleterre ! Retour en août avec
des disques, des affiches et des photos…

*21 août 1968.
500 000 soldats
d'Union soviétique,
de Bulgarie,
d'Allemagne de l'Est
et de Pologne
envahissent
la Tchécoslovaquie.*

*Les citoyens
ordinaires essaient
de convaincre
les troupes
d'invasion
de partir.
Ils changent
les plaques
indiquant le nom
des rues pour
les dérouter.*

*Le gouvernement
progressiste de
la Tchécoslovaquie
est envoyé
à Moscou pour de
la « rééducation ».*

*L'aide
de l'Ouest
n'arrive
jamais.*

Ensuite… tout fut fini.

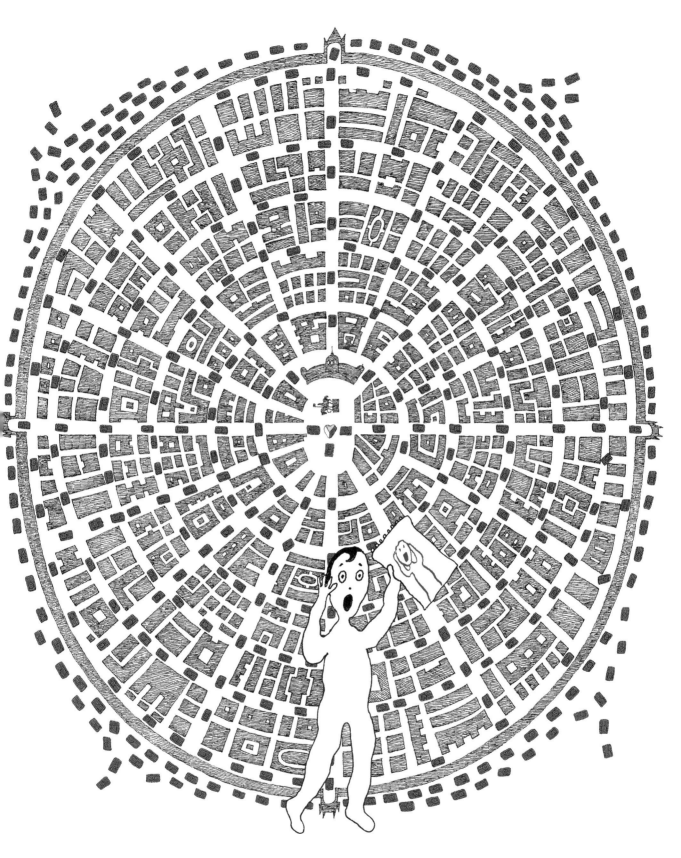

Il y eut des tanks de l'armée russe partout.

Dix mois après l'invasion soviétique, les Beach Boys sont invités en Tchécoslovaquie pour donner des concerts de rock.

Les fans de rock seront rassemblés sous le même toit.

Mais une lueur d'espoir jaillit des ténèbres.

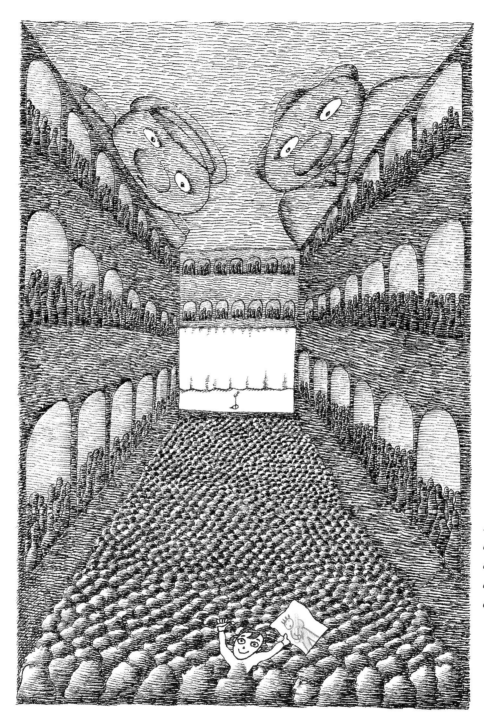

17 juin 1969.
Le concert
de Prague a lieu
au Lucerna.

Des policiers
avec des chiens
attendent
à proximité
de la salle.

Les Beach Boys débarquèrent. L'Amérique à la rescousse !

Il peignit des rêves…

puis des cauchemars.

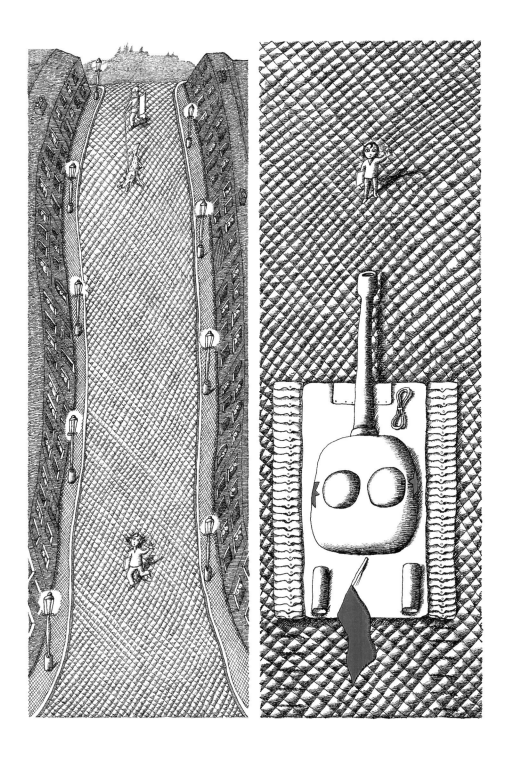

Ses rêves pouvaient rester cachés dans sa tête,

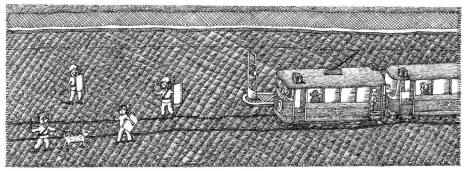

*Quiconque
est considéré
comme
une menace
contre l'ordre
nouveau
est interrogé.*

mais ses dessins pouvaient être utilisés contre lui.

*Le rideau
de fer
se referme.*

*Alexander Dubček
est remplacé
à la tête
du gouvernement.*

*La police secrète
provoque
des émeutes pour
que le gouvernement
puisse exercer
un contrôle plus
rigoureux.*

*Le service
militaire:*
OBLIGATOIRE.

Il arrêta de dessiner. Il ne lui resta plus que ses rêves.

*On remet
les téléphones
sur écoute,
on ouvre
le courrier,
on surveille
les gens.*

*L'art de style
occidental est à
nouveau interdit.
Les stations
de radio libres
sont à nouveau
brouillées.*

*Les livres
interdits sont
traduits, copiés
et distribués
clandestinement
– c'est ce
qu'on appelle
les* samizdat.

*Les discothèques
deviennent
une nouvelle
source
d'information
sur la culture
populaire.*

Mais il fallait qu'il dessine. Partager ses rêves lui donnait de l'espoir.

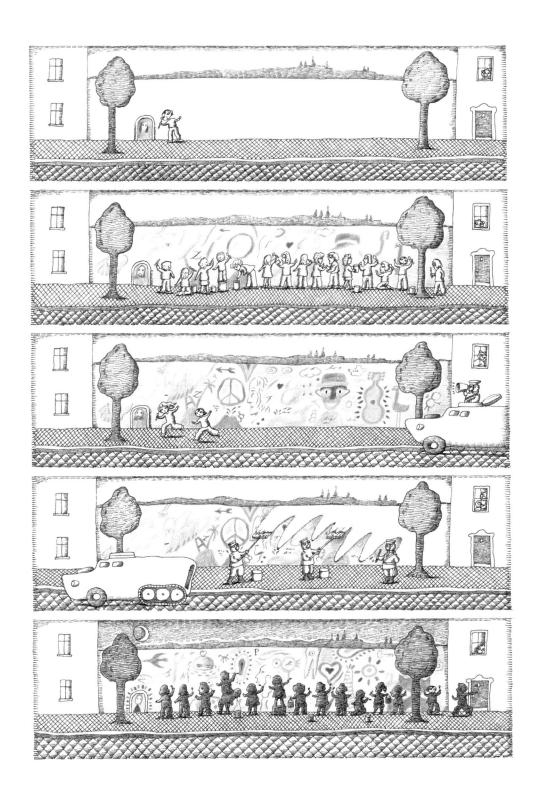

Les gens voulaient tous dessiner. Ils ont couvert un mur entier de peintures de leurs rêves…

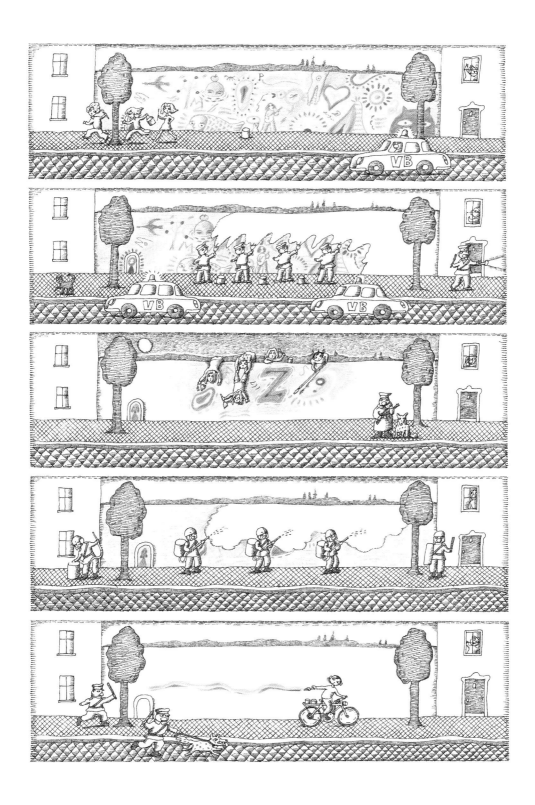

puis ils l'ont repeint et re-repeint, encore et encore.

EXTRAITS DE MES CARNETS

Janvier-février 1969
Jan Palach et Jan Zajíc, étudiants,
s'immolent par le feu pour
« sortir la nation de sa léthargie ».

1970
Větvička, un mec marrant qui est aussi
bassiste, meurt de ses blessures à la tête après
avoir été tabassé par la police dans la mêlée
qui a suivi le concert des Beach Boys.

1971
Mon professeur à l'Académie des arts
appliqués, Adolf Hoffmeister (l'auteur
du livret de l'opéra *Brundibár*), se fait retirer
sa chaire. Tous ceux qui sont considérés
comme progressistes sont remplacés.

1972
La frontière se referme. Impossible
de voyager. Adieu, Londres et ses fêtes !

8 juin 1972
Un groupe de jeunes aux cheveux longs
– que je connais bien – détourne un avion
à destination de l'Allemagne de l'Ouest.
Ils tuent le pilote avec un revolver caché
dans une couche de bébé.

Février 1973
Chacun d'entre nous, à l'Académie, doit
créer une œuvre d'art célébrant l'armée
soviétique. Je suis content d'être dans
la section animation ! Je vais me contenter
de peindre les décors ; j'expliquerai
que les tanks arrivent plus tard.

1974
L'examen final… On nous dit que notre
génération n'est pas digne de confiance
et n'a pas d'avenir parce que nous sommes
« teintés » par les événements de 1968.
Pour obtenir l'autorisation d'avoir un atelier
dans ma propre maison, je dois prouver que
je suis un artiste de bon « rang social »,
c'est-à-dire un membre du Parti communiste.
Le plus curieux, c'est qu'on vient de me
proposer un poste de professeur assistant
à l'Académie. Il paraît que je suis le plus
jeune qu'ils aient jamais envisagé d'engager.
Je suis enchanté – mais ensuite,
j'apprends qu'il y a une condition :
je dois m'inscrire au Parti. Ils me jurent
que personne n'a besoin d'être au courant !
Merci, mais non merci. Je fais de petits
dessins. Je n'ai pas besoin d'atelier.

1975
Ma première commande professionnelle :
une couverture d'album pour *Letiště*
("Aéroport") de Karel Černoch. Je peins
un petit aéroport avec une manche à air
rouge et blanche gonflée par le vent.
« Vous avez fait attention à la direction dans
laquelle le vent pousse la manche à air ? »
me demande le directeur artistique.
Je rigole, pensant qu'il plaisante. « C'est très
important, dit-il, c'est un problème
d'idéologie. » Si le vent souffle d'Ouest
en Est, on pourrait penser qu'il vient
d'Allemagne de l'Ouest et souffle sur l'Union
soviétique. Un détournement idéologique.
Une infiltration. Il téléphone aux ministères
de la Culture et de l'Intérieur. On attend
qu'ils nous rappellent. « Vous avez de

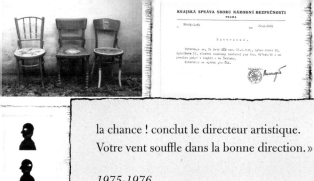

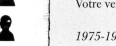

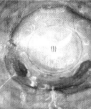

la chance ! conclut le directeur artistique.
Votre vent souffle dans la bonne direction. »

1975-1976

Service militaire.
Les groupes de rock ne peuvent plus
donner de concert sans autorisation.
Tous les artistes doivent désormais
prouver qu'ils ont de bonnes références
sur le plan social et politique.

1976

Le groupe de rock Plastic People of the
Universe est en prison. Je n'étais pas d'accord
avec eux et je ne suis pas fou de leur musique
– mais de là à les mettre en prison…

Janvier 1977

Des dissidents créent un mouvement appelé
la « Charte 77 ». Suite à ça, certains se
retrouvent en prison. Plusieurs sont
menacés et torturés, dépouillés de leurs
droits civiques, conduits avec leur famille
à la frontière Ouest et expulsés du pays.

28 janvier 1977

Des artistes, écrivains, réalisateurs de films,
acteurs et musiciens de premier plan
sont invités au Théâtre national pour
une « célébration ». Une fois qu'ils sont tous
dans le théâtre, on verrouille les portes
et on leur ordonne de signer un document
qui approuve « l'aide fraternelle »
(c'est-à-dire l'invasion) de l'armée soviétique
en 1968. Pour la plupart, ils signent.
Mauvaise nouvelle / bonne nouvelle : mon
père est à l'hôpital. Il ne peut pas y assister.
Je suis presque sûr qu'il n'aurait pas signé…
Et moi, qu'est-ce que j'aurais fait ?

Mai 1977

Enfin, mon premier film professionnel :
un conte de fées en animation,
Île pour 6 000 réveils de Miloš Macourek.
L'histoire : 6 000 réveils démoralisés
parce qu'ils ne se sentent pas appréciés
quittent leur boulot. Ils marchent longtemps
et finissent par arriver sur une petite île
où ils peuvent sonner à leur guise.
J'ai passé un an à peindre, découper,
animer. Le film est superbe, de la première
à la dixième et dernière minute.
Tout le monde me félicite. Puis les censeurs
décident que le film ne fait pas passer le bon
message en suggérant qu'il est possible de
s'en aller, quand quelque chose nous déplaît.
Serais-je en train de dire aux spectateurs
d'émigrer ? Les gens cherchent toujours
des messages cachés. La bonne manière
de s'y prendre avec les censeurs, c'est toute
une science. Il faut leur donner quelque
chose à modifier. Par exemple, si tu fais
un film ou un tableau, ou si tu écris un livre
ou une chanson, tu mets une grande église.
Tu peux être certain que les censeurs
te diront de l'enlever – et peut-être
qu'ils ne remarqueront pas les choses plus
petites mais tout aussi importantes. Les gens
de théâtre ont ce qu'ils appellent la théorie
du « petit chien blanc » : si tu laisses un petit
chien blanc se pavaner sur le devant de
la scène, les censeurs ne remarqueront pas
ce qui se passe à l'arrière-plan.

Juin 1977

Rumeurs, rumeurs, rumeurs. Tout le monde
soupçonne tout le monde d'être un délateur.
Peut-on espérer que les choses vont
s'arranger un jour ?

Très peu de gens critiquent ouvertement le régime.

Jan Palach proteste contre le régime.

Le dramaturge dissident Václav Havel est mis en prison.

Tout le monde doit prouver sa fidélité au système soviétique.

Les choses devinrent de pire…

Les artistes sont attirés au Théâtre national sous un faux prétexte.

On contraint les dissidents à se contenter de petits boulots subalternes.

Un médecin

Un professeur

Les gens sont suivis, contrôlés, harcelés, jetés en prison, déportés et torturés.

… en pire.

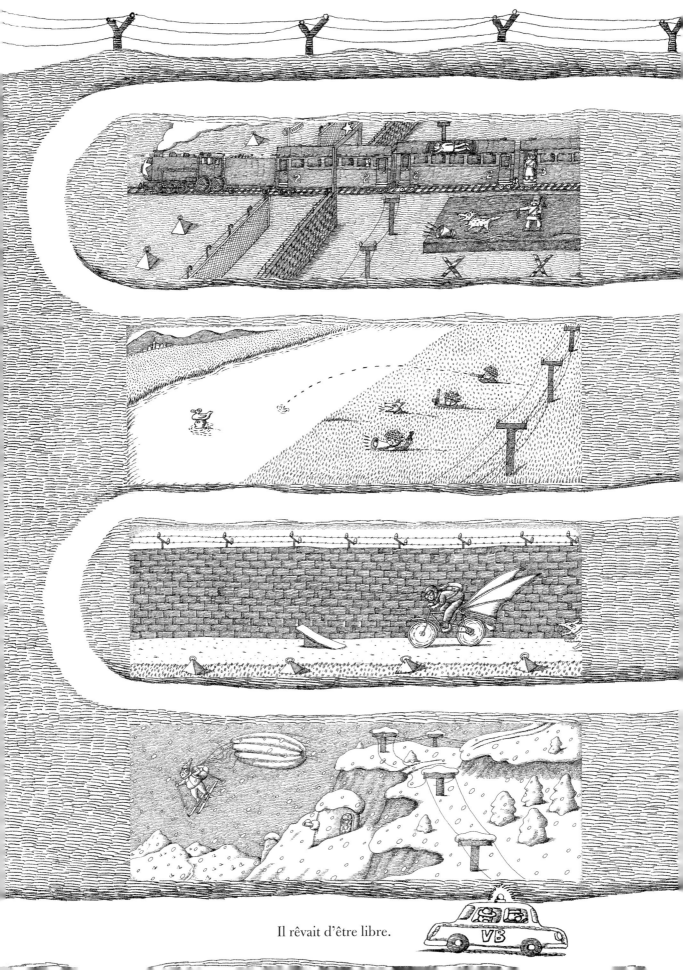

Il rêvait d'être libre.

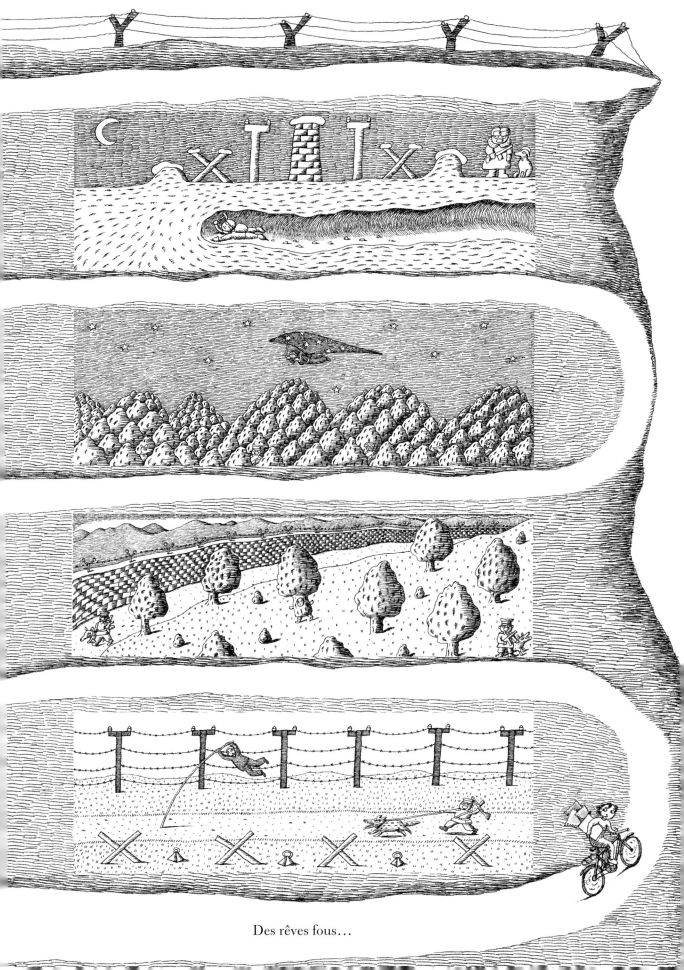

Des rêves fous…

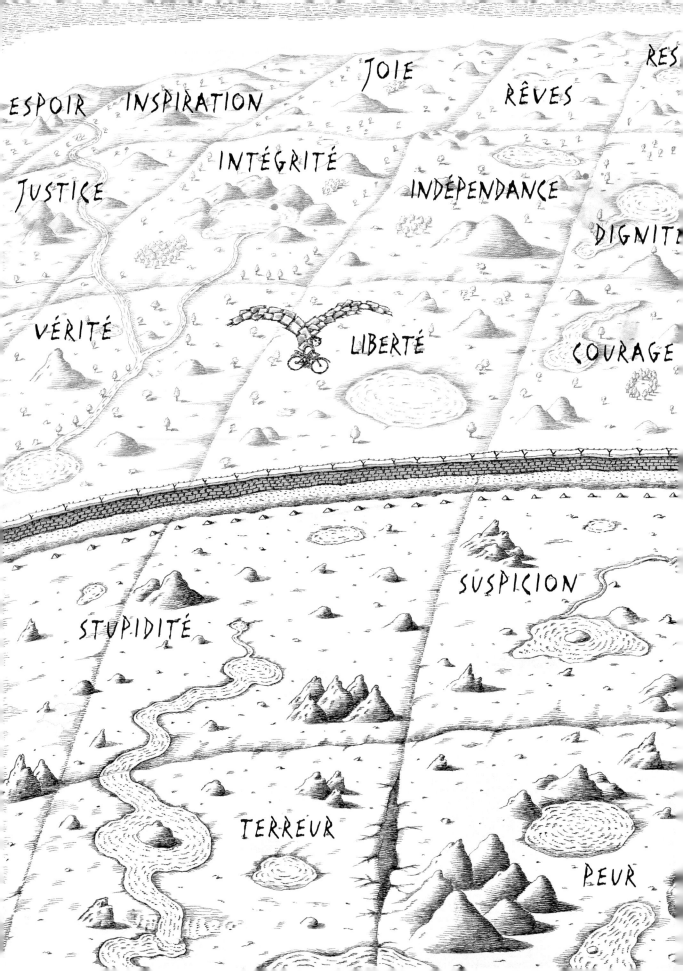

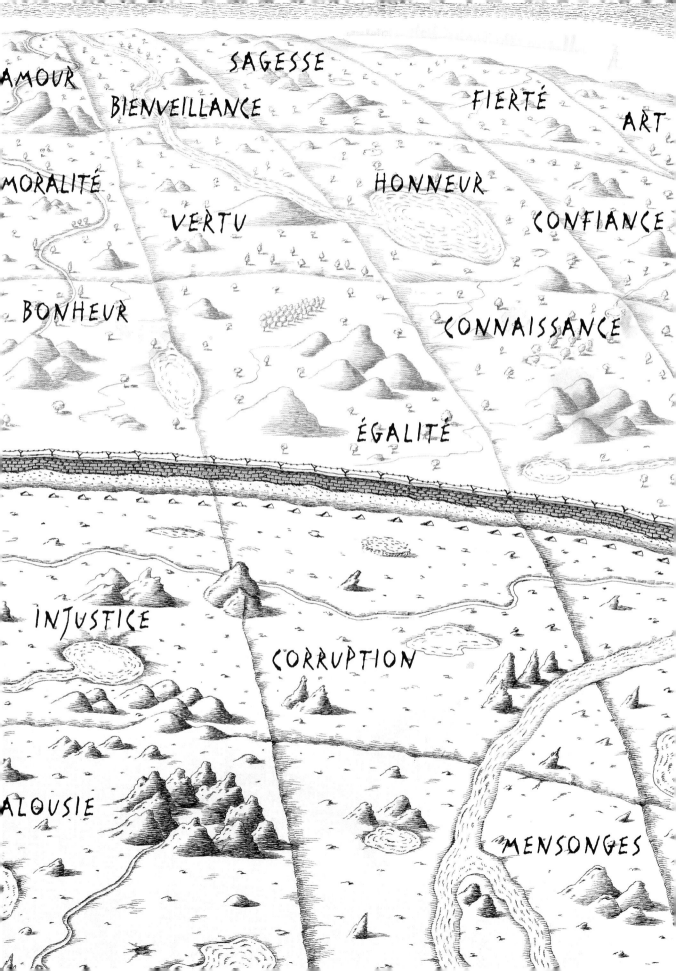

Au milieu des années 1980, Mikhaïl Gorbatchev reconnaît le besoin de réformer le système rigide des Soviétiques et lance de nouvelles mesures : la *perestroïka* (reconstruction) et la *glasnost* (transparence).

PARFOIS, LES RÊVES SE RÉALISENT.

L'un après l'autre, les pays de l'Est deviennent des pays libres : la Pologne (1989), la Tchécoslovaquie (1989), la Hongrie (1989-1990), l'Allemagne de l'Est (1989-1990), la Roumanie (1989-1990) et la Bulgarie (1989-1990). Les deux Allemagnes, de l'Est et de l'Ouest, se réunifient (1990) et l'Union soviétique est dissoute (1991). C'est la fin de la guerre froide.

LE 9 NOVEMBRE 1989, LE MUR EST TOMBÉ.

POSTFACE

"TU ES UN COLON, PAPA ?" M'ONT DEMANDÉ MES ENFANTS QUAND ILS ÉTAIENT PLUS JEUNES ET DÉCOUVRAIENT l'histoire des premiers colons d'Amérique. « Comment as-tu décidé de venir t'installer ici, en Amérique ? » Ma réponse a été : « Tout ça, c'était à cause du dessin. »

Je ne sais pas si je suis né pour dessiner, mais nous n'avions pas de télévision ni d'ordinateurs quand j'étais petit, alors je dessinais. Je racontais des histoires en images sur mon grand-père combattant les Russes pour l'Autriche-Hongrie, pendant la Première Guerre mondiale, et sur mon père au Tibet. Je dessinais des cow-boys et des Indiens, et je copiais les bandes dessinées de l'album géant que mon autre grand-père m'avait rapporté de Chicago, où il avait tracé les plans pour des lignes de chemins de fer dans les années 1920. Dans la maison de mes parents, j'étais libre de dessiner tout ce que je voulais. Tout ça a changé quand je suis entré à l'école et devenu un élément du système communiste soviétique. À partir de ce moment-là, je me suis mis à dessiner ce qu'on me disait de dessiner, et à penser ce qu'on me disait de penser. Avec le recul, je vois à quel point il est facile d'endoctriner un enfant. Nous étions de vrais moutons… jusqu'à ce que la musique du monde libre – le rock 'n' roll et les Beatles – ouvre une fissure dans le mur. Ensuite, d'autres musiques sont arrivées… la fissure s'est agrandie… ouvrant la voie au Printemps de Prague… et tout a semblé possible. J'ai obtenu l'autorisation de voyager ; j'ai traversé toute l'Europe en stop et j'ai pensé que le monde m'appartenait. Contrairement au héros de ce livre, j'étais à Londres quand les tanks de l'armée russe sont entrés dans Prague. Ma famille était en vacances en Europe, alors nous nous sommes retrouvés en Allemagne pour décider si nous allions rentrer ou quitter notre pays définitivement. Nous sommes rentrés, espérant naïvement que les choses ne seraient pas trop terribles. Et elles ne l'ont pas été, du moins pas tout de suite. Je suis devenu le DJ et l'animateur d'une émission de radio et j'ai interviewé des groupes célèbres comme les Beatles, Led Zeppelin et les Who. J'ai accompagné les Beach Boys pendant leur mini-tournée de Tchécoslovaquie. Mais ensuite, les choses ont mal tourné. Mon émission de radio a été supprimée et le rock, interdit. Je me suis plongé dans le dessin et la peinture. J'ai peint des chaises, des interrupteurs, et même le réfrigérateur de chez moi. Dehors, c'était trop effrayant. J'ai également réalisé des films d'animation ; ils ont rouvert le monde pour moi – mais pas complètement. J'avais l'autorisation de quitter le pays, mais on me disait toujours à quelle date je devais rentrer. Je travaillais sur un film d'animation à Los Angeles quand les Soviétiques ont décidé de boycotter les Jeux olympiques de 1984 ; on m'a rappelé à Prague. Cette fois, j'ai résisté. J'en avais assez qu'on me dise quoi faire, quoi penser et quoi dessiner… Malgré tout, après toute une vie d'endoctrinement, ça n'a pas été une décision facile. J'avais peur de ne jamais revoir ma famille. Je croyais que les Soviétiques seraient toujours au pouvoir. Aujourd'hui, quand mes enfants américains rendent visite à ma famille tchèque, dans la belle ville de Prague, j'ai du mal à les convaincre que cet endroit a pu être sombre et chargé de peur, de suspicion et de mensonges. Je trouve difficile d'expliquer mon enfance ; c'est dur à mettre en mots, alors, comme j'ai toujours tout dessiné, j'ai essayé de dessiner ma vie (ma vie d'avant l'Amérique) pour eux. Toute ressemblance avec l'histoire que raconte ce livre n'est pas du tout fortuite.

— P. S.

Aussi longtemps qu'il aura des souvenirs, il continuera à dessiner.